Inhalt

Mittelstandsfinanzierung - alternative Formen der Kredit- und Kapitalaufnahme weiter im Trend

[Kernthesen](#)

[Beitrag](#)

[Fallbeispiele](#)

[Weiterführende Literatur](#)

[Impressum](#)

Mittelstandsfinanzierung - alternative Formen der Kredit- und Kapitalaufnahme weiter im Trend

Gerhard Dengl

Kernthesen

- In der Mittelstandsfinanzierung spielen Bankkredite immer noch die größte Rolle. Die sich verschärfenden Bedingungen für Banken führen allerdings zwangsläufig dazu, dass diese Art der Finanzierung immer teurer wird.
- Mittlerweile ergeben sich selbst für kleine Mittelständler alternative Wege der Kredit- und Kapitalbeschaffung über die Märkte.

- Neben verschiedenen Formen der Mezzanine-Finanzierung ist es vor allem die Idee vergleichsweise erfolgversprechend, Kunden als Investoren zu gewinnen.

Beitrag

Alternative Finanzierung beim Mittelstand immer beliebter

Eine gemeinsame Studie von Deloitte und der FH Münster "Mittelstandsfinanzierung über den Kapitalmarkt" ergab, dass für mittelständische Unternehmen die Finanzierung über den Kapitalmarkt immer attraktiver wird. Hauptgründe sind zum einen die erhofften besseren Konditionen im Vergleich zum Bankkredit, zum anderen die Diversifikation der Geldgeber. Gerade letzteres scheint oftmals die eigentliche Motivation zu sein. Eine anonyme kleinteilige Finanzierung schützt effektiv vor unliebsamen Mitgestaltungsabsichten und reduziert die Abhängigkeit von jedem einzelnen Investor. (9)

Steigende Kapitalanforderungen

verteuern Kredite

Die aufsichtsrechtliche Forderung nach einer stärkeren Eigenkapitalunterlegung von Kreditgeschäften bleibt nicht ohne Konsequenzen für das Angebot an langfristiger Fremdkapitalfinanzierung. Die Aufsichtsbehörden weltweit mussten in den vergangenen Jahren erkennen, dass sie mit Basel II nicht weit genug gegangen waren, und versuchen dies nun mit Basel III nachzubessern. Dabei zielen die aufsichtsrechtlichen Anforderungen prinzipiell darauf, riskantes Kreditgeschäft für Banken unattraktiv zu machen. Sie zwingen Banken dazu, immer mehr Sicherheiten einzufordern oder Kredite nur noch zu vergleichsweise schlechten Konditionen zu vergeben. Vor diesem Hintergrund hat der von der europäischen Bankaufsichtsbehörde EBA durchgeführte Stresstest für europäische Banken die Diskussion um noch schärfere Eigenkapitalanforderungen weiter angeheizt. Laut EBA wären derzeit sechs deutsche Groß- und Landesbanken unterkapitalisiert und müssten eigentlich sofort die Kreditvergabe einstellen. Unabhängig davon, ob diese Diskussionen tatsächlich substanziell sind, ist es bei der zu erwartenden restriktiveren Kreditpolitik vieler Banken mehr als verständlich, wenn sich Mittelständler für die Unternehmensfinanzierung frühzeitig nach

Alternativen umsehen. (5), (6)

Mezzanine-Finanzierung als Alternative zu "echtem" Eigenkapital

Beim Thema Eigenkapital stoßen Mittelständler allerdings schnell an ihre Grenzen: Oftmals ist das private Vermögen bereits vollständig im Unternehmen gebunden oder die Gesellschafter wollen eine weitere Konzentration ihres Kapitals im Unternehmen schlicht vermeiden. Dies führt zur Suche nach externen Eigenkapitalquellen und dem passenden Eigenkapitalinstrument. Spannend ist diese Frage vor allem für Unternehmen, die nicht ohne weiteres den Weg der Aktienemission beschreiten können oder wollen. Mittlerweile gibt es eine breite Palette an Eigenkapitalinstrumenten, die es ermöglicht, die gewünschte Balance zwischen Kapitalbereitstellung, Gewinnbeteiligung und Mitspracherecht umzusetzen. Zwischen den Eckpunkten Direktbeteiligung und Kredit stehen inzwischen unterschiedliche Mischformen zur Verfügung. Diese werden zusammenfassend "Mezzanine-Kapital" oder hybride Finanzierungsinstrumente genannt. Hierunter fallen beispielsweise die stille Gesellschaft bzw. stille

Beteiligungen, partiarische Darlehen, Genussrechtsbeteiligungen, Wandelanleihen oder Optionsanleihen.

Je nach Ausprägung der vertraglichen Vereinbarungen können diese hybriden Finanzierungsinstrumente mehr oder weniger Eigenschaften von klassischem Eigen- oder Fremdkapital in sich vereinigen. Prinzipiell sind alle Parameter so verhandelbar, dass sie optimal zum Finanzierungsbedarf und vor allem zum Cash-Flow des Mittelständlers passen. Die früher angebotenen Standard-Mezzanine-Programme waren zwar bei den Unternehmen infolge einer Verzinsung von sieben bis zehn Prozent sehr beliebt, aufgrund der hohen Ausfallraten sind dafür heute aber kaum mehr Investoren zu begeistern. Stattdessen dominiert das Individual-Mezzanine. Finanzierung und Konditionen werden dabei auf die jeweilige Situation des Unternehmens zugeschnitten. In der Praxis führt das zu einem Preisniveau von teilweise deutlich über zehn Prozent Verzinsung. Das hört sich für die Unternehmen im Vergleich zum Bankkredit teuer an. Aber der Vergleich hinkt ohnehin, denn es gibt wesentliche Unterschiede zum Bankkredit. So wird Mezzanine-Kapital in der Regel ohne Sicherheiten ausgereicht. Gleichzeitig ist es nachrangig im Vergleich zu Bankfinanzierungen und steht im Liquidationsfall echtem Eigenkapital näher als

Fremdkapital. Durch die Einordnung als wirtschaftliches Eigenkapital erkauft sich der Unternehmer damit oft sogar die Möglichkeit, zusätzliches Fremdkapital über Banken aufzunehmen. Dabei hat Mezzanine-Kapital den Vorteil, dass der Mittelständler sich nicht mit einem neuen Gesellschafter oder seinen Hauptgläubigern, den Banken, auseinandersetzen muss. (1), (2)

Eigenkapital oder Mezzanine-Finanzierung?

Die großen Vorteile von "echtem" Eigenkapital sind natürlich, dass es unbefristet zur Verfügung steht und dass es keinen fixen Vergütungsanspruch gibt. Der größte Nachteil besteht darin, dass man sich dadurch unter Umständen weitere Gesellschafter mit Mitspracherecht ins Boot holt. Gerade bei Familienunternehmen ist das oft unerwünscht. Auf der anderen Seite wird die Aufnahme weiteren Fremdkapitals aufgrund der selektiveren Kreditvergabe der Kreditinstitute immer schwieriger. Eine wichtige alternative Kapitalbeschaffungsmöglichkeit für viele Mittelständler sind Mittelstandsanleihen, die aber oftmals auch mit Vorsicht zu genießen sind. Die Fixkosten sind in der Regel so hoch, dass sich ein solches Unterfangen erst ab einem Volumen von etwa

30 Millionen Euro lohnt, und dann ist noch nicht sicher, dass das angestrebte Volumen auch tatsächlich abgesetzt werden kann. Grund: ist der Emittent wenig bekannt, dann sind die Papiere so gut wie illiquide. Das schreckt vor allem private Investoren ab. Immer mehr Firmen setzen daher zumindest für einen Teil ihrer Finanzierung auf Mezzanine-Instrumente und den Kontakt zu alternativen Kapitalgebern, oft aus dem direkten Unternehmensumfeld oder Kundenkreis. Diese Mezzanine-Finanzierungen haben allerdings für das Unternehmen den Nachteil, dass sie meist recht teuer sind, weil sie für die Anleger natürlich große Risiken bergen. So stehen Mittelständler nicht selten vor der Wahl: Freiheit in unternehmerischen Entscheidungen oder eine günstige Kapitalbeschaffung. (1) , (8)

Trends

Prime Standard: Neues Anlagesegment mit höheren Transparenzanforderungen

Die Deutsche Börse plant ein neues Segment für Unternehmensanleihen. Der "Prime Standard für Unternehmensanleihen" zielt auf größere Emittenten als der schon existierende "Entry Standard" und hat höhere Transparenzanforderungen. Die Emissionsvolumina der Anleihen sollen eine Größenordnung ab hundert Millionen Euro haben; zum Vergleich: die des Entry Standard haben zwischen 30 und 100 Millionen Euro. Mit einer Stückelung von 1 000 Euro sollen vorrangig Privatanleger angesprochen werden. Die entscheidende Neuerung besteht darin, dass die Unternehmen nun 24 statt bisher sechs der von der Deutschen Vereinigung für Finanzanalyse und Asset Management (DVFA) gesetzten Kennzahlen veröffentlichen müssten. (3)

Nach Finanzierungskrise: Förderbanken stärker gefragt

Aufgrund der gestiegenen aufsichtsrechtlichen Kapitalanforderungen gehen Branchenexperten davon aus, dass sich die Unternehmensfinanzierung mittelfristig verteuern wird. Was den Banken darüber hinaus zu schaffen macht, sind auch die Schwierigkeiten sich aktuell auf dem Markt zu vernünftigen Konditionen zu refinanzieren. Es bleiben kaum Alternativen zur Reduzierung der Kreditvergabe, wenn die Banken weiterhin profitabel und gesetzeskonform bleiben wollen. Eine Alternative für die Mittelständler werden Kredite von

Förderbanken sein, wie etwa der KfW. Deren Vorstandsvorsitzender, Ulrich Schröder, rechnet schon jetzt mit steigender Nachfrage. (3), (7)

Fallbeispiele

Wenn der Kunde zum Geldgeber wird

Die Wiener Feinbäckerei Heberer aus Mühlheim bei Frankfurt setzt bei der Kapitalbeschaffung auf seine Kunden und gibt Anleihen heraus, über die sich Interessenten direkt in den Filialen informieren können. Solche Anleihen können sehr rentabel sein, sie bergen aber auch Risiken. Werden derartige Produkte an der Börse gehandelt, gibt es eine gewisse Kontrolle durch die Finanzmarktteilnehmer. Positive oder negative Meldungen schlagen sich sofort im Preis nieder. Fällt diese Kontrolle weg, - wie im Fall der Wiener Feinbäckerei Heberer -, müssen Anleger selbst beurteilen, ob die Konditionen gerechtfertigt erscheinen. Hier ist in der Regel sehr großes Vertrauen in ein Unternehmen gefordert. Das Risiko der Geldanlage spiegelt sich allerdings meist in einer vergleichsweise hohen Rendite. Heberer bietet sieben Prozent bei einer Laufzeit von fünf Jahren, -

angesichts der aktuellen Festgeldangebote ein verlockendes Angebot. (4)

Geringe Chancen für Anleiheplatzierungen kaum bekannter Unternehmen

Mehrere Mittelständler mussten schon die leidvolle Erfahrung machen, dass es eine Sache ist, welches Anleihevolumen man platzieren will, und eine andere, wie viel davon auch abgenommen wird. Von großem Vorteil ist die Bekanntheit des Emittenten. So konnten etwa der durch eine Vielzahl von Publikationen bekannte Verlag Bastei-Lübbe oder die angeschlagene Fluggesellschaft Air Berlin in den vergangenen Wochen Anleihen im Volumen von 130 Millionen Euro problemlos absetzen, während weniger bekannte Emittenten wie etwa das Wuppertaler BMW-Autohaus Procar und das Lkw-Leasing-Unternehmen Albis das gleiche Volumen nicht an den Mann bringen konnten. Das Zeitarbeitsunternehmen HKW musste sich mit knapp der Hälfte der geplanten zehn Millionen zufriedengeben, Procar konnte nur zwölf statt der benötigten 30 Millionen Euro absetzen. (8)

Weiterführende Literatur

(1) Unternehmensfinanzierung im Umbruch
Eigenkapitaldecke wird bei der Gesamtfinanzierung für den Mittelstand immer wichtiger - Mezzanine besonders für Familienunternehmen eine Alternative
aus Börsen-Zeitung, 19.11.2011, Nummer 224, Seite B1

(2) Fülle an Finanzierungsalternativen für nicht börsennotierte Unternehmen Notwendigkeit der Eigenkapitalstärkung wird erkannt
aus Börsen-Zeitung, 19.11.2011, Nummer 224, Seite B5

(3) Börse plant neues Anleihensegment Prime Standard für Unternehmensbonds mit höheren Transparenzanforderungen
aus Börsen-Zeitung, 22.11.2011, Nummer 225, Seite 1

(4) Selbstgebackenes Wenn Unternehmen sich Kapital direkt bei ihren Kunden leihen, kann das für den Anleger sehr rentabel sein - aber auch riskant
aus Financial Times Deutschland vom 23.11.2011, Seite 21

(5) Deutsche Kreditwirtschaft will längere Fristen und stimmige Vorgaben von EU-Aufsicht Eba-Willkür erzürnt Banken
aus Die SparkassenZeitung, 25.11.2011, Nr. 47, S. 1

(6) Stresstest EU: Der Kapitalbedarf steigt weiter
aus Die SparkassenZeitung, 25.11.2011, Nr. 47, S. 1

(7) Europäische Banken drosseln Kredit- und Leasinggeschäft
aus Frankfurter Allgemeine Zeitung, 29.11.2011, Nr. 278, S. 10

(8) Der Markt für Mittelstandsanleihen steht still
aus Frankfurter Allgemeine Zeitung, 29.11.2011, Nr. 278, S. 21

(9) Mittelstandsfinanzierung: Börse statt Bank? / Deloitte-Studie: Alternativer Finanzmarkt wird zunehmend attraktiv für mittelständische Unternehmen
aus news aktuell, 2011-12-01

Impressum

Mittelstandsfinanzierung - alternative Formen der Kredit- und Kapitalaufnahme weiter im Trend

Bibliografische Information der deutschen Nationalbibliothek

Die Deutsche Nationalbibliothek verzeichnet diese Publikation in der deutschen Nationalbibliografie; detaillierte bibliografische Daten sind im Internet über http://dnb.d-nb.de abrufbar.

ISBN: 978-3-7379-0515-2

© 2015 GBI-Genios Deutsche Wirtschaftsdatenbank GmbH, Freischützstraße 96, 81927 München, www.genios.de

Alle Rechte vorbehalten. Dieses Werk ist einschließlich aller seiner Teile – z.B. Texte, Tabellen und Grafiken - urheberrechtlich geschützt. Jede Verwertung außerhalb der Grenzen des Urheberrechtsgesetzes bedarf der vorherigen Zustimmung des Verlags. Dies gilt insbesondere auch für auszugsweise Nachdrucke, fotomechanische Vervielfältigungen (Fotokopie/Mikroskopie), Übersetzungen, Auswertungen durch Datenbanken oder ähnliche Einrichtungen und die Einspeicherung und Verarbeitung in elektronischen Systemen.